Antje Diewerge

Oben Unten Jetzt

Antje Diewerge

Oben Unten Jetzt

Lyrik und Aphorismen

Impressum

Copyright © 2019
Herstellung und Verlag: BoD – Books on Demand,
Norderstedt

Gesamtgestaltung sowie Copyright © für alle Texte und
Blütenfotos: Antje Diewerge
Portraitfoto: privat

ISBN: 978-3-7494-0750-7

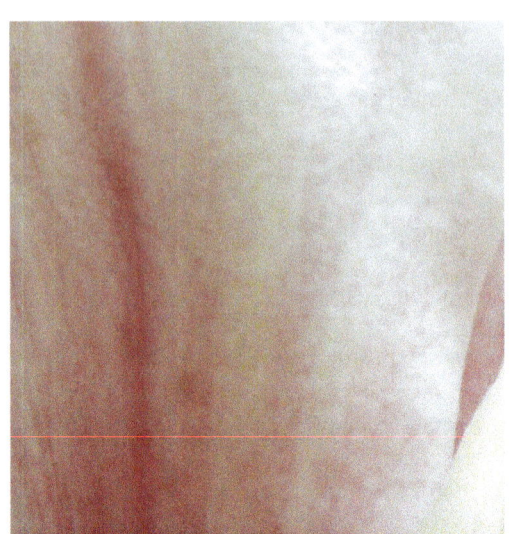

GLÜCKSTREFFER

Eben traf ich den
Schornsteinfeger
doch ich vergaß
ihn anzufassen

Vielleicht habe ich
dennoch Glück
heute

FRUST-FRASS

Der Tag
verschwindet
häppchenweise

KÜRZE

Ich hoffe auf
schöne lange
Gedichte
und überbrücke
die Wartezeit
mit Aphorismen

WINTERABEND

Nachtmilchhimmmel
Eiswind nagt
am Firmament
Ausverkauf der Sterne

Es weihnachtet
Nichts ist genug
und alles zu viel

TIEFGANG

Furchtlos
in mich
hinab tauchen
Keine Angst
vor den eigenen
Untiefen

VERSPÄTUNG

Alles ist relativ
denn der frühe
Nachmittag
kann sowohl
der verlängerte
Mittag als auch
der vorgezogene
Abend sein

Auf jeden Fall
finde ich es
schon relativ spät

REGENTAG

Jede Sekunde dieses Tages
sehe ich als Regentropfen
auf die Straße fallen
wo sich
die Minuten sammeln
und zu Stunden werden
Groß, spiegelnd
unergründlich

Ich trete so entschlossen
mitten hinein
dass der ganze Tag
hoch aufspritzt

Er durchdringt meine Kleider
und nässt mich
bis unter die Haut

FLUGÜBUNGSPLATZ

Ohne Rücksicht
auf Trommelfell
und Nervenstränge
heizen sie ihre Turbinen
und stürmen dröhnend
die Stille

VERTEIDIGUNG

Tausend Ängste aufgestaut
aus dem Nest entführt
ins Exil geschickt
im Kopf zu Sand zermahlen
mit dem sich werfen lässt
ohne zu treffen

Die Steine
für erfolgreiche Jagd
liegen schwer im Magen

AUFTRITT

Du streichst dir
ein kurzes Lachen
ins Gesicht
heftest deinen Blick
ans Unsichtbare

Nicht ist wirklich
nur das Spiel
deiner Hände
nur Takte
in die Luft gewirbelt

Du besteigst die Tonleiter
und enteilst auf ihr
in die nächste Dimension

GOOD VIBRAPHONS

Stürmischer Tag
empor getragen
von Klängen
wie schillerndes Laub
im Herbstwind

Kraftvolles Meer
zerstiebende Melodien
Schaumkronen
im Spiel der Wellen

Geschürte Glut
Ein Funkenregen
der Töne
Aufloderndes Holz
im Feuer

Nächtliches Land
gehüllt in silberne
Rhythmen
Darüber der Mond
zunehmend

SPIEL

Den Tag
in die Hand nehmen
wie ein Kind
Frei von Erwartungen
und Wünschen

Die Stunden
durch die Finger
rinnen lassen
wie Sand

Alle Möglichkeiten
in den Wind werfen
Schauen
wohin er sie trägt

Den Tag
in die Hand nehmen
mit der Offenheit
eines Kindes

ABENDSPAZIERGANG

Hab einen Baum gefunden
Entwurzelt lag er
am Wegrand
reckte sein Astgewirr
in die Dämmerung

Habe die Raben gehört
Der Wind trieb sie
auf ihren Seidenschwingen
über goldene Felder

Habe die Luft gespürt
Vom Meer erfrischt
floss sie mir
über den staubigen Weg

Habe die Sonne gesehen
Rosarot schimmernd
trug der Himmel sie
an seiner Wolkenstirn

Habe an dich gedacht
Möwendaunenleicht
nahm ich dich mit
in den Abend

IN BEWEGUNG

Im Ozean der Gefühle
tauch ich nach meiner Klarheit
Von Meerestiefen umgeben
entwachse ich der Angst
Im Blitz entlädt sich die Schwüle
die Lüge weicht der Wahrheit
Der wahre Sinn meines Lebens
ist der, den ich erlang

Der funkelnde Sternenvorhang
verbirgt Unwägbarkeiten
Mit meinem Blick auf die Dinge
gestalte ich mein Sein
Das Jetzt ermöglicht den Anfang
und wird den Schluss einleiten
Was immer ich auch vollbringe
bleibt niemals wirklich mein

WEITES LAND

Ich seh den Adler ruhig
im weitgespannten Flug
am hohen Himmel seine Kreise ziehn
Nah der Unendlichkeit
und fern von Schuld und Selbstbetrug

Ich seh der Wüsten Pracht
Kein Regentropfen fällt
auf ihre Weite, die den Geist beruhigt
und alle Schweigenden
ganz sanft in ihren Armen hält

Ich ahn der Berge Haupt
In schneebekränzter Ruh
verbergen sie sich überm Wolkensaum
prahlen mit Größe nicht
sind einfach da im Immerzu

Ich seh die Flüsse frei
und stolz und voller Macht
dem Meer entgegeneilen
Zu sein und dennoch nicht zu bleiben
das tragen sie durch Tag und Nacht

WAHRNEHMUNG

Ich nehme wahr
wie der Himmel sich öffnet
und schließt im Wind
Wie die Flut das Wasser
stromaufwärts treibt
mit den Steinen am Ufer spielt
wie ein Kind

Ich nehme wahr
wie die Luft warm und zart
meine Haut berührt
Wie das Sommergras
seinen Duft verströmt
und ein Falter beseelt
einen Tanz kreiert

Ich nehme wahr
wie der Nebel sich sanft
auf die Felder legt
Wie der Schnee das
farbige Laub liebkost
und die Sonne im Frühling
das Eis bewegt

Ich nehme wahr
es geht ums da sein
ganz und gar

WESERDEICH

Sommertag
Auflaufendes Wasser
Seegeruch

Über dem Fluss
das Gras
trocken und warm
Möwenflug
und Krähentanz
Wind verwandelt
Wolkenwelten

Flüchtigkeit
des Augenblicks
für immer

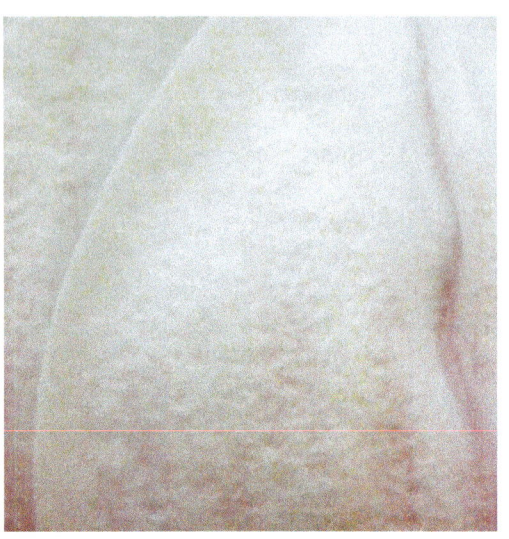

KURZER PROZESS

Sie ging zum Friseur
als ein neuer
Abschnitt anstand

TREFFER

Auch
Gedankensplitter
können
ins Auge gehen

TATSACHE

Es ist
eine Tatsache
dass Freud
niemals
Jung war

JOB

Er legt sich
täglich
unter Autos
um nicht
unter die
Räder
zu kommen

AUFSTIEG

Beim Sturz von
der Karriereleiter
brach sein
Selbstvertrauen

GEDANKEN
VERLOREN

Durch das
Nachdenken
über gestern
und morgen
habe ich
schon wieder
diesen Tag
verloren

UNSINNIG

Über die
Zukunft
nach
denken

AUSSTELLUNG

Öffentliche Kunst
in geschlossenen
Räumen

ENERGIE

Reibung erzeugt Hitze
Berührung Wärme

DIE EINSAMKEIT DES KNEIPENGÄNGERS

Seine Blicke durchschreiten den Raum
legen die Mädchen bloß
messen den Pegel der Flaschen

Aufsteigende Ängste schwängern
im Tabakrauch die Luft
knebeln die Worte des Schweigenden

Das Begleichen der Zeche
bleibt einzige Berührung
mit fremder Haut

ISEGRIM

Einsam
im Rudel
darfst du
deine Wunden
selber lecken
dein Leben
selbst erleben
deine Wege
selber gehen
lernen

ERKENNTNIS

Ich habe versucht
mich so zu verhalten
wie ich glaubte
mich zu fühlen

PROBLEMLÖSUNG

Dass ich deine Probleme
zu meinen machte
das war das Problem

MITTELWEG

Um die Mitte
zu bestimmen
muss ich bis
zum anderen
Ende gehen

UNTERWEGS BLEIBEN

Unterwegs sein ist
die einzige Möglichkeit
zu bleiben

ZEITLOS

Jenseits der Zeit
durch die wir sind
treibt das
was uns gebar

Wir träumen Bilder
in den Wind
von dem
was morgen war

PARADOX

Das Unveränderbare ist
tagtäglich neu
Was nicht zu passen scheint
ergibt doch einen Reim
Wer ständig weiter geht
der bleibt sich treu
Wer seinen Mut entdeckt
kennt seine Scheu
Wer sich ins Leben gibt
der fühlt sogar im Nirgendwo
sich in sich selbst daheim

UNTEN

Nur wer schon
in die Knie
gegangen ist
kann sich
auf den Schlips
getreten fühlen

DRUCK

Wer sich
unter Druck setzt
muss irgendwann
aus sich
heraus kommen

VERZERRUNG

Interpretation
verzerrt die
Wahrnehmung
dessen
was ist

NAHELIEGEND

Aus der Distanz
betrachtet
liegen Lösungen
oft ganz nah

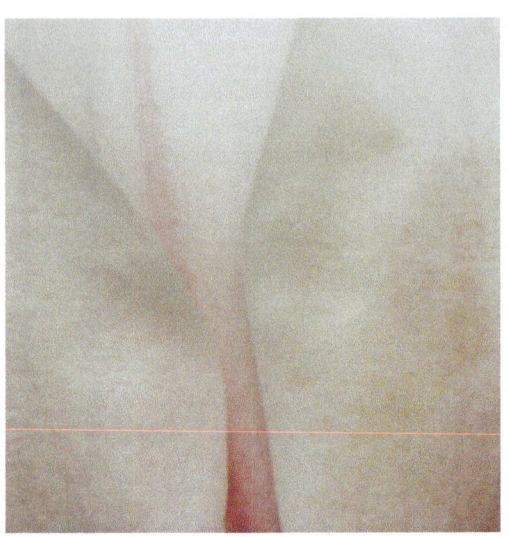

HIGH HEELS

Er trägt sie
auf Händen
weil sie auf
ihren eigenen
Füßen nicht
laufen kann

NICHT
WAHRGENOMMEN

Meine Güte
bist du blind
Aber du wirst
schon sehen

MISSGESCHICK

Sie hat ihre
Kontaktlinsen
aus den Augen
verloren

REIMZWANG

Heut fließ ich über
vor Gedichten
die kurz sind und
vielleicht beschränkt
und die ich
um sie zu berichten
brutal in
Reime eingezwängt

IMPULS

Schon manchmal hatte
ich in lichten Stunden
ein ganz bestimmtes Bild
im Sinn
Doch als ichs malen wollte
wars verschwunden
Mich ärgert
dass ich so vergesslich bin

SICHER IST SICHER

Sie hatte
bis ans Ende ihrer Tage
einen Tampon
in Reserve

ALTER FALTER

Im Alter
werden wir
vielfältiger

VITAMIN B

Ich kenne wen
der einen kennt
den man einen
Prominent

TROTZ

Ich denke
nicht daran
dich anzurufen
und denke doch
an nichts anderes

VERSUCH

Ich gehe dir
auf den Grund
ohne dir
auf den Leim
zu gehen

Zumindest
versuche ich es

STEILKÜSTE

Mit dir
über der kalten See
Salzgeschmack
auf der Zunge
Hände in den Taschen
Kleines Lächeln
Beieinander
Schutz suchen
vor dem Wind
der Eispanzer
an die Steine blies

FRAGE

Du fragst
was ich
an dir finde
ich weiß ja
nicht einmal
was ich suche

FREMDE GEWÄSSER

Mein Kompass zeigt
auf dich
und kein Lotse
wird kommen
mir zu sagen
ob dein Leuchtfeuer
nur ein Irrlicht ist

SPRACHSTÖRUNG

Verliebt
das Wort ist schwer
kommt nur mühsam
aus dem Bauch
bleibt erschöpft
auf der Zunge liegen
krallt sich
an den Gaumen
wagt sich nicht
über die Lippen
weil es weiß
wie verletzlich es ist

Einmal ausgesprochen
im Raum schwebend
und nicht angenommen
fliegt es davon

Verliebt
blockiert und verdreht
all das
was ich dir sonst noch
sagen will

PERSONENBESCHREIBUNG

Beständiges Lachen
flüchtiger Blick
Haare und Sehnsucht
gestutzt
doch wachsend

Weich geknotetes Tuch
verbirgt das Übereinander
zweier Shirts
Leise Schuhe federn im Takt
der Schritte
Bewegliche Hände entführen
die Brille den Augen
dem Tisch

Wärme
in Silben zerteilt
trifft ihr Ziel
prickelnd

LIEBESTAUMEL

Hör ich das helle Locken
das die Liebe raunt
so werd ich taub
fürs Rufen des Verstands
Ich schau nicht mehr auf das
was mich umgibt
Kein Blick scheint mir
so tief wie deiner
Ich geh mit meiner
Sehnsucht Hand in Hand

In zartem Blütenduft
verteufelt gut versteckt
ist dieser Hauch
der meinen Sinn bewegt
Mein Herz eilt wie im Traum
mit leichtem Fuß
durch märchenhaft
verwunschne Gärten
Es folgt den Fährten
die der Wind gelegt

Zu jedem Höhenflug bereit
und voller Lust
beweg ich mich
auf unbestimmtem Grund
Durchstreife wildes Land
und öffne meinen Blick
für das, was ich
zu sehen meine
Selbst graue Steine
werden plötzlich bunt

Was immer ich
in diesen Zeiten auch erleb
das sinkt ganz tief
in meine Seele ein
Ich nehm es als Geschenk
aus einer andren Welt
in der ich mehr
als nur ein Gast bin
und trage es in
meine Welt hinein

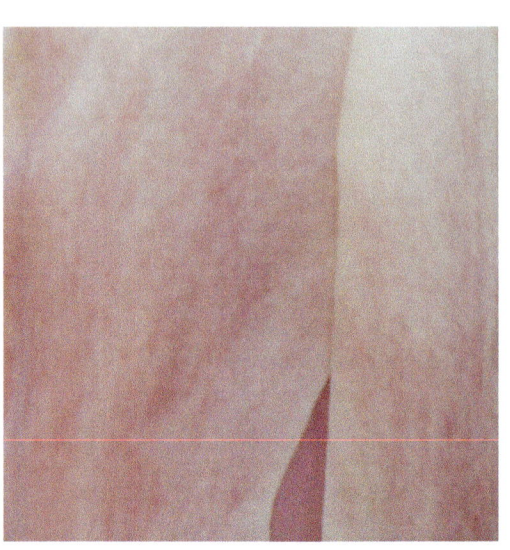

FLUCHT

Im Zwielicht
des Erkennens
flüchten wir
vor der Tiefe
ineinander

LIEBESRAUSCH

Im blattlosen Gewand
unserer Körper
durchweben wir
die Nacht
reisen atemlos
zwischen den Zeiten

Nähe wie Tau
am Bruch
unserer Kontinente

LUST

Muscheltränen
perlen
von Haut zu Haut
Im Flügelschlag
der Blicke lodert
brennende Tiefe

Zwei Körper
in einem Atem
tauchen sprachlos
hinauf

GELIEBTER

Hast du einen Traum
Geliebter
der in den Himmel steigt
und von den Wolken weht?

Regnet es Silberfäden
auf deine Haut
und Muschelfedern
in deine Hand?

Tanzen Sphinxen
in endloser Nacht
zwischen Seidenlaken?

Wohin du auch träumst
Geliebter
begegnet dir
deine Sehnsucht

GEHEIMNIS

Vor diesem Himmel,
den die Nacht gewebt
da haben wir zur
blau umrankten Stunde
mit zarter Hand
und sanftem Munde
die Grenzen
unsres Seins erlebt

Wir fanden, was wir nie
zu suchen wagten
Ein Herz ging einem andern
auf den Grund
Das Weltall wölbte sich
und wurde rund
in dem, was wir
uns wortlos sagten

Wir stiegen aus der Nacht
wie neugeboren
und unsre Wege
trennten sich aufs neu
Nur im Alleinsein
bleiben wir uns treu
Im Einssein gingen wir
uns nicht verloren

NACHKLANG

Unser Widerhall
klingt in mir nach
Im Pulsschlag der Nacht
geboren
tragen seine Wellen
mich Stunde um Stunde
durch den Tag

WAS LIEBE BRAUCHT

Liebe braucht
einen langen Atem
und das Wissen
um Unendlichkeit

TIEFE

Hättest du mich
in deinen Schlund gesogen
wäre die Schwärze
mir Heimat geworden

Hätte ich dich
mehr geliebt als mich
wäre ich in deinen
Abgrund gesprungen

Im Angesicht deiner Tiefe
wachsen mir Flügel
Lieben heißt fliegen können
über der Schlucht

LIEBE IST KÜHL

Liebe ist kühl
ist ein ruhiges
fließendes Gefühl
ist weit und ist klar
Ist ein täglich von
Herzen erneuertes
Ja

WIR

Zu wissen
dass du Gast in meinem Leben bist
Dass unsre Liebe
das Miteinander zweier Seelen ist
die sich nichts schwören
die sich nicht gehören
und sich im Auseinander
doch zutiefst vermissen

Zu spüren
dass Vertrauen nur in Freiheit wächst
Dass ich mich zeige
so wie auch du dich nicht vor mir
versteckst
Weil wir uns kennen
können wir benennen
dass wir uns hin bewegen
statt uns zu verführen

Zu ahnen
dass auch unser Dasein Grenzen hat
Dass wir im Sehnen
nur hungrig werden
doch nie wirklich satt
Was wir nicht halten
kann sich frei entfalten
zu einem Leben, das verläuft
in parallelen Bahnen

GEMEINSAM

Gemeinsam tragen
ohne uns die Last
zu nehmen
die ganz allein
auf unsren eignen
Schultern ruht
Gedacht
um uns zu stärken
nicht
um uns zu lähmen
Die keinen Stolz erfordert
sondern Mut
das Miteinander
im Alleinsein
täglich neu zu wagen

MIT DIR

Die Liebe
die ich suche
in mir finden
Von Herzen geben
und nicht aus Kalkül
Dir nah sein
ohne dich
an mich zu binden
Mein Dasein
leiten lassen
vom Gefühl

Ganz tief
in mir verwurzelt
mit dir fliegen
Mit dir entflammen
ohne zu verglühn
Alles gewinnen
ohne zu besiegen
Mein Leben tragen
ohne dich zu mühn

Dir alles geben
und doch
bei mir bleiben
Mich ganz verströmen
ohne zu vergehn
Verstehen können
ohne zu beschreiben
Im Miteinander
zu mir selber stehn

IM JETZT

Ich spüre Wärme
die mein Sein durchflutet
Geborgenheit
die aus mir selbst entspringt
Fühl Liebe
die mich inniglich durchdringt
mit ganzer Kraft
und völlig unvermutet

Ich spüre Zärtlichkeit
die mich verwandelt
Gelassenheit
die keine Eile hat
Denk Worte
die verstummen vor der Tat
die lange schon
im Herzen ausgehandelt

Ich weiß mich eins
mit allen Welten
Bin ich
und doch zugleich auch du
Schweb heiter durch
ein weites Immerzu
in dem die alten Regeln
nicht mehr gelten

Ich weiß es
ohne es bewusst zu kennen
Ich schau es
ehe es entsteht
Erahn die neuen Wege
die es geht
und brauch was ist
nicht länger zu benennen

ES IST

Es ist Veränderung, sagt die Angst
Es ist Entwicklung, sagt die Liebe
Es ist Aufregung, sagt die Angst
Es ist Lebendigkeit, sagt die Liebe

Es ist Anstrengung, sagt die Angst
Es ist Stärkung, sagt die Liebe
Es ist Überforderung, sagt die Angst
Es ist Fülle, sagt die Liebe

Es ist Verpflichtung, sagt die Angst
Es ist Einlassen, sagt die Liebe
Es ist Erwartung, sagt die Angst
Es ist Zulassen, sagt die Liebe

Es ist Anpassung, sagt die Angst
Es ist Einverständnis, sagt die Liebe
Es ist Kapitulation, sagt die Angst
Es ist Hingabe, sagt die Liebe

Es ist Verletzung, sagt die Angst
Es ist Herausforderung, sagt die Liebe
Es ist Schmerz, sagt die Angst
Es ist Wachstum, sagt die Liebe

Es ist Weinen, sagt die Angst
Es ist Reinigung, sagt die Liebe
Es ist Einsamkeit, sagt die Angst
Es ist allein Sein, sagt die Liebe

Es ist Leichtsinn, sagt die Angst
Es ist Mut, sagt die Liebe
Es ist Enttäuschung, sagt die Angst
Es ist Klarheit, sagt die Liebe

Es ist Sehnsucht, sagt die Angst
Es ist Gelassenheit, sagt die Liebe
Es ist Warten, sagt die Angst
Es ist Geduld, sagt die Liebe

Es ist Unsicherheit, sagt die Angst
Es ist Vertrauen, sagt die Liebe
Es ist Einbildung, sagt die Angst
Es ist Wissen, sagt die Liebe

Liebe mich, sagt die Angst
Ich liebe dich, sagt die Liebe

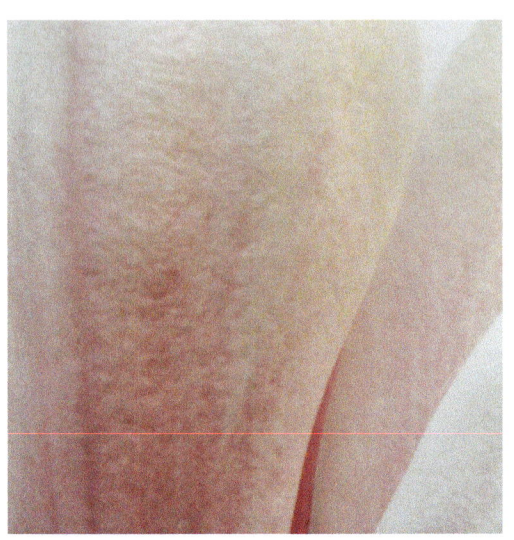

ELBESTRAND

Ich bring dir einen Gruß
vom Ende der Welt
Von dort
wo ich dich sehen konnte
sitzend auf dem Horizont

SPIEGEL

Ich bin ein Spiegel
Werfe dir nur
dein eigenes Bild
zurück
Lasse mich nicht
zerschlagen

Doch meine Augen
sind Fenster
und ich lade dich ein
mich zu durchschauen

FREIGEIST

Du füllst den Raum nicht aus
den du betrittst
Ich kann atmen in deiner Nähe
atmen in deinem Atem

Im Mantel deiner Zuneigung
kann ich mich frei bewegen
Was du umgarnst
hältst du nicht gefangen

Die Karten sind
gerecht verteilt
und offen

SCHWEIGEN 1

Pochende Stille
Lautlosigkeit
voller Unrast
Silben hinter
geschlossenen Lippen

Die Grenzen
überschreiten wollen
und das Losungswort
nicht finden

SCHWEIGEN 2

Ruhe
weil alles gesagt
was der Worte bedarf
Weil Blicke und Hände
genügen

Weil Vertrauen ist
und kein Zwang
anders zu scheinen
als wir sind

WÜSTENQUELL

Kein Baum
kein Strauch
So weit die Wüste
unserer Herzen
Die Zeit wie Wasser
Im Quell entsteht
Liebe ewig neu

DER, DEN ICH SEHE

Du bist der, der lacht
und der, den ich sehe
Der nicht zeigt
wer er ist
und der, den ich sehe

Ich berühre den
den ich sehe

Und du verschwindest

MITEINANDER

Ich kann ich sein
auch mit dir
Doch wenn du
mit mir
nicht du sein kannst
bin ich lieber bei mir
als dort
wo du nicht bist

Zum miteinander sein
braucht es zwei
bei sich

SCHATTENSPIELE

Wir beharren
auf unserem Recht
und erzeugen so das
was wir Dunkel dann nennen
Doch genau dieses Dunkel
birgt in sich die Chance
uns immer mehr selbst
zu erkennen

Wir tragen sie in uns
die andere Seite des Seins
Alles was war und was sein wird
denn alles ist eins

AUSEINANDER

Wir hatten uns nie
auseinandergesetzt
sondern stets hektisch
zusammengenommen

Jetzt haben wir uns
zusammengesetzt
um uns ganz ruhig
auseinander zu nehmen

KONTAKTSTÖRUNG

Wir setzten
unsere Beziehung
in Bezug zu denen
anderer
und hatten dabei
schon lange
den Kontakt zu uns
verloren

OBSIDIAN

Dein Lachen
ins Gesicht gespannt
wie ein Schrei
Dein Herz
wie Glut im Obsidian

Dem Vulkan
auf den Grund getaucht
trage ich Steine ins Meer
Meine Angst
den Möwen zum Fraß

STATUS QUO

Pulsierendes Leben
vergraben am Strand
Feuer
der Sonne verborgen
unerreichbar für die Flut

AUSWEG

Ich mache
einen Bogen
um dich
weil ich dir
so nah bin

METAMORPHOSE

Immer wieder
in Höllen fallen
Immer wieder
den Himmel sehen

Immer wieder
zu Asche werden
und mit dem Wind
zu den Wolken gehen

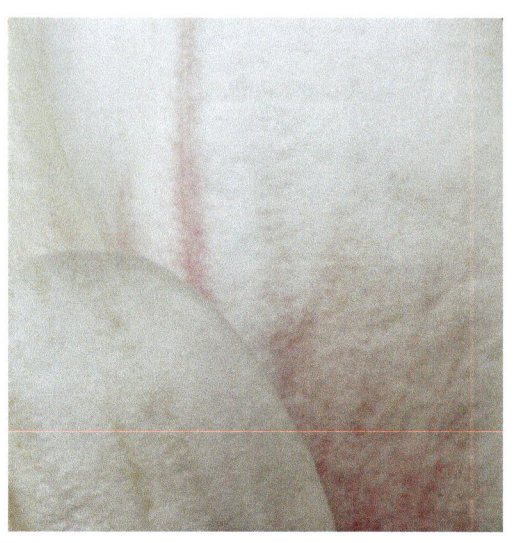

SCHWARZHANDEL

Mich dürstete
und ich gab dir zu trinken
Mich fror
und ich schenkte dir Wärme
Ich bangte
und nahm dir die Angst
War traurig
und brachte dich zum Lachen

Du gabst mir dafür all das
was du vermisstest

Wie wenig davon ich
doch brauchen konnte

FUSS FASSEN

Wir sind nicht geblieben
haben unsere
Standpunkte geändert
Ausgespuckt
aus erstarrtem Behagen
landeten wir
auf unseren eigenen Füßen
und lernen laufen

SPÄTSOMMERBAUM

Noch genug Farben
Risse zu übertünchen
doch zu wenig Laub
alle Blößen zu bedecken

Holz
mit dem sich noch
ein Feuer heizen
aber kein Haus mehr
bauen lässt

Wurzeln
auf steinigen Boden gestoßen
suchen Halt
in der Weite

POSTUM

Heute habe ich
ein Ekelpaket
aufgegeben

SCHRITTWEISE

Mit jedem Schritt
von dir fort
komme ich mir selbst
wieder
ein Stückchen näher

TRENNUNG

Die Zeit
trennt
was wir nicht
erreichen
zu verbinden

KRISE

Abschied
wie Sterben
nur schwerer
die Räume leer
und womit
füllen

Mit Freiräumen
leben lernen

ERINNERUNG

Wolken bedecken
schon dein Gesicht
Aufgelöste Konturen
bilden keinen Körper mehr
Aus der Ahnung
deiner Schatten weichen
Tropfen die Haut
bleichen deine Farben
zerschwemmen Stimme
und Lachen

Langsam entgleitest du
meinen Gedanken

NACHTGEISTER

Meine Nachtgeister
rufen deinen Namen
nicht mehr
haben ihn
in die Zeit geworfen
wo er verging

Meine Nachtgeister
rufen deinen Namen
nicht mehr

Meine Nachtgeister
raunen von Frieden

FÜR IMMER

Du fasst in meinem Leben
nicht mehr Fuß
Ich horte nicht mehr jedes Wort
aus deinem Munde
Ich geh nicht mehr
an deinem Sein zugrunde
und sehne mich nicht mehr
nach deinem Kuss

Ich habe dich
aus meinem Kopf verbannt
Du hast kein Zimmer mehr
in meinen Räumen
Ich flieg nicht mehr mit dir
in meinen Träumen
Schreib deinen Namen
nicht mehr in den Sand

Du darfst nicht mehr
durch meinen Garten gehn
Ich fange mich nicht mehr
in deinen Schlingen
Werd deine Zauberlieder
nicht mehr singen
und lass dich meine Wunder
nicht mehr sehn

Du bist nicht mehr der Mensch
den ich begehr
Hab meine Tür
fest hinter dir verriegelt
und meine Zukunft
ohne dich besiegelt

Ich schenk dir meine Seele
nimmermehr

STERBEN

Du gehst in Wellen
an den Strand gespült
und das Land betretend

Hinaus aufs Meer
doch die hohe See
noch meidend

Wenn es Zeit ist
zu schwimmen
wirst du gehen

FÜR EINE SEELE

Wo Himmel stärker ist als Erde
Wo Regen
nicht von Glut verzehrt
Wo alles Sein und Ist und Werde
sich jeder Fassbarkeit verwehrt

Wo Sinne Wolkenwelt berühren
Bewusstsein
in die Weite taucht
Wo du es fühlen kannst und spüren
dass Liebe keinen Halt mehr braucht

Da bist du Wesen unter Wesen
Stets dort, wo du dich hin gedacht
Bist ganz vom Schmerz des Seins genesen
und machtvoll jenseits aller Macht

GEH

Ich wünsch dir Glück
auf deinem Weg
sei er dunkel oder hell
sei er gerade oder schräg
voller Sonne oder Schnee
geh ihn langsam oder schnell

aber geh!

Und komm nicht mehr zurück

PETRI HEIL

Der Köder
ist ausgeworfen
tanzendes Signal
auf den Wellen
des Unergründlichen

Manchmal
beißt einer an

HALT

Hoffnungsloser Fall
nur weil ich Optimist bin?

Ich kann mich wenigstens
halten

Die Pessimisten stürzen
im hoffnungslosen Fall

ANSTRICH

Unter dem Lack
der neuen Freude
trocknet noch
die alte Trauer

ZWEIFELSFREI

Neugeborenes Gefühl
gebiert noch keine Zweifel

ANNÄHERUNG

Umeinander
kreisen
Du und ich
im Aufwind

HORSD'EUVRE

Ich muss es
erst verdauen
dass da plötzlich
du bist

Du
den ich gar nicht
auf dem Zettel hatte
stehst jetzt in meinen
Morgenseiten

EVOLUTION

Verlieben und zweifeln
Herausforderungen
als Chance begrüßen
anstatt sie aus Angst
zu verteufeln

Verzweifeln und trauen
Gewissheit im Herzen
auch ohne ein Grundstück
darauf einen Standort
zu bauen

Vertrauen und lieben
der inneren Stimme
den Stab übergeben
und mich
in Gelassenheit üben

EILAND

Wärme an Wärme
Leib an Leib
im Erwachen des Tages

Schlafende Nähe
Deinen Atem hören
Dein Dasein spüren

Dich wahrnehmen
mit allen Sinnen

Im Augenblick sein
der nichts kennt
als das Jetzt

Eine Insel
wie aus der Zeit gefallen
im Erwachen des Tages

JA

Ich möchte
mit dir zusammen
sein

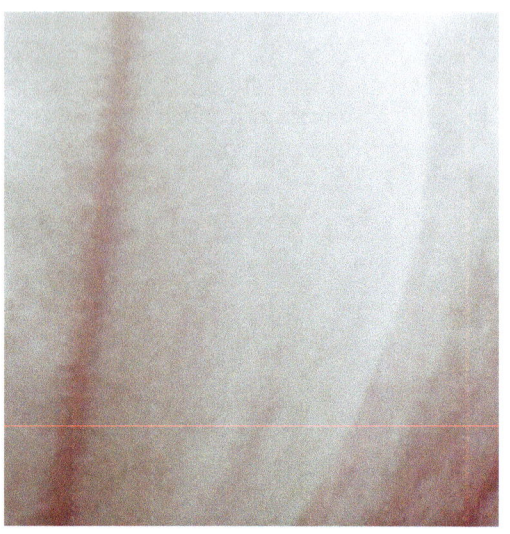

Mein Dank geht an alle Menschen, Ereignisse, Erfahrungen, Herausforderungen und Impulse auf meinem Weg, ohne die ich nicht die wäre, die ich heute bin und morgen sein werde.

Die Fotos in diesem Buch sind Nahaufnahmen von Magnolienblüten. Ich bin jedes Frühjahr erneut verzaubert von ihrer durchscheinenden Anmut und ihrem zarten Farbenspiel und davon, dass sie Zeit und Raum haben, sich damit zu präsentieren, ehe das Grün der Blätter sich über die Baumkronen legt.

Antje Diewerge lebt in Bremen, wo sie als Autorin, Gestalterin und Lebensberaterin tätig ist.
 www.antjediewerge.de

Bisher von ihr erschienene Bücher:
Wo Hufe sind, ist auch ein Pferd
Donia und die Islandpferde
Donia auf dem Islandhof
Donia, Island und die Folgen
Tölter bevorzugt
Neubeginn für Svadilfari
Tierbuchverlag Irene Hohe
www.tierbuchverlag.de